AF314494

COMPLAINTE
DV FACQVIN DV PARC
Royal, qui a souftenu tous les Caua-liers du Caroufel, tant deffen-dants qu'affaillans.

Suyuant la copie imprimé à Paris, par Fleury
Bouriquant, au mont S. Hilaire 1612.

ES peuples s'enquerãs des nouueautes de ce qui s'est passe au Parc Royal, & aux Cours des Roys & Princes, ils ont maintenant là discouru plus d'vne minute d'heure, & dequoy, me dira quelque marouffle, auquel ie respondray, sans dire mot, Ie suis muet, laissez parler mon truchement, ouurez vos oreilles, ie diray merueilles, comme il est escript au premier chapitre d'vne chanson nouuelle, qui sert il y a deux cens ans pour suppleer au deffaut du corbillon, n'en deplaise à Messieurs les sapientissimes, & moins aux esprits chatoüilleux, d'où plusieurs d'entre eux, sans offenser les autres, pour faire paroistre qu'ils sont issus en ligne colateralle de l'Oiseau sainct Luc, veulent trancher du braue aux sciences des grisards d'Arcadie : Chacun sçait assez la resiouyssance des Princes & Seigneurs faicts dans ledict Parc Royal, les cinq six & septiesme iour du mois d'Auril, & acheuee le dernier dudit mois, M. DC. XII. ou Monseigneur le Prince de Conty eust l'honneur que son party emporta le prix par l'heur & adresse de Monsieur le Marquis de Rouillac, lequel fit voir deuant le Roy, la Royne Regente sa mere, & la Royne Marguerite, en presence des Princes, Seigneurs, Gentils hommes, Dames, Damoyselles, Bourgeois & Bourgeoises, qui remplissoient

A ii

les efchaffaux en grand nombre, Que s'il donne fi droit
dans la bague, *In feminino genere*, comme il a triomphé
de ma Compaigne, il feroit affailly d'vne quantité, lef-
quelles fouhaittent Caualiers propre à leur lice, (les Dames d'honneur ne s'offencent de cecy, car ie ne parle
qu'aux volontaires) & me tais fans me taire, reuenons à
noftre difcours, car plufieurs ont affez efcript, imprimé,
vendu, & diftribué, impriment, vendent & diftribuent
toutes les pompes & magnificences, tant des Chariots
de triomphe, Machines, Rochers, Bocaiges, Nauires,
Dragons, Geans, Elephants, Cerfs, Rinocerots, *Leo-*
pards, tous trainans lefdictes Machines, hommes riche-
ment veftus, les vns en Turcs, Perfes, Mores, Eftaphiers,
Mufiques diuerfes, tant ruftiques, haultes, moyennes,
baffes, douce, force, inftruments à l'antique & moderne:
Bref, l'on n'a pas oublié vn zero en chiffre, fors que moy,
paune FACQVIN, qui ay faict plus que tous, car
encor' que i'aye efté mis par terre deux fois, i'ay efté
releué & victorieux deuant & apres, n'en defplaife à
mefdits Seigneurs, qui ne fe peuuent offenfer d'vne per-
fonne de ma qualité.

Or fus, c'eft moy qui parle de moy, & fi ie ne dis mot,
accordez celà en baffe notte, I'ay faict plus que tous,
qu'as tu faict paune orgueilleux, i'ay eu l'honneur d'a-
uoir efté choifi entre mes compagnons dans le fort des
animaux, lefquels ne m'ont iamais ofé mordre, voyant
mon affeurance, ains fe tenoyent affeuré de moy & de ma
compagnie, auquel lieu, certains Philofphes en l'indu-
ftrie des fcies, coignees, ferpes, m'ont endormy de tel-

le façon, que par leur art, ie suis metamorphosé en vn
cruel More, afin d'irriter d'auantage les partifans contre moy, ayant efté dedié pour refifter à pied fans che-
ual aux Princes & Seigneurs du Caroufel, fait pour ho-
norer l'alliance de la maifon de France auec l'Efpagne,
Combien ont ils rompus de lance contre moy fans me
pouuoir faire quitter la place, finon quelques Caualiers
qui eftoient fafchez contre moy me ietterent par terre,
dont ie ne m'en trouuay pas mieux, & de toute leur force adreffoyent leurs coups, à la tefte, au front, aux yeux,
au nez, aux iouës, à la bouche, au menton, au col, aux ef-
paules, au bras, à trauers le corps, fans m'auoir peu blef-
fer, & ne me plains que de ceux qui m'ont ainfi terraffé,
ie dis fans offenfer aucuns Princes & Seigneurs, que ie
n'aye efté auffi toft penfé par mes Chirurgiens, & eftant
guéry i'eftois toufiours preft à combattre comme aupa-
rauant, iufques à ce que la nuict fit quitter à mes aduer-
faires leur vaine entreprinfe, tous laffez & haraffez; &
moy qui glorieux n'ay bougé, pour monftrer que no-
nobftant toutes les playes par moy receues, i'auois encor' du courage pour garder le champ de bataille, ie demeure ferme iufques à ce que ie vis que prix & louange
eftoit attribuee à ceux qui plus m'auoyent offenfé, Ce
qui me fafcha tellement que ie ne voulus fortir de la place, iufques à ce que mes valets de pied m'ont emporté
tout ioyeux: Ne fuis ie donc pas inuincible plus mille
fois que Guillaume fans peur.

Mais ie plains ma compaigne laquelle on a rendu
tant publique que d'expofer fon trou à qui voudroit ou

pourroit mettre dedans, & nonobstant tous les efforts des plus braues elle les a tous laffez, feulement eft demeure le prix aux meilleurs Caualiers qui le plus auec leur lance droicts ont donné dans le vuide de fon enclos. Ie me plains contre ces Efcriuains lefquels fe font meflez d'inuentorifer tout l'ordre du Caroufel, & ont voulu nyer dans le fleuue d'oubly l'honneur qui m'eftoit deub, n'eftois-ie pas de la fefte, n'ay ie pas triomphé, Qui en ignore, regarde de pres pour me voir en parade, & vne autre fois l'on m'y faict venir.

I. DE LA V.

A MONSEIGNEVR MONSEIGNEVR

le Prince de Conty, su r la Begue emportée par Monsieur le Marquis de Rouillac, estant du party de
mondict Seigneur le Prince.

SONNET.

I A les braues esprits, au temple de Memoire,
Entaillent le renom des Princes & Seigneurs,
Admirent leurs vertus depeignent les grandeurs,
N'espargnans leur pouuoir pour exalter leur gloire.
Dedans le Parc Royal, il est à tous notoire,
Et à iamais sera des pompes & honneurs,
Lesquels deuant le Roy font paroistre les cœurs,
A la Bague, au FACQVIN, recherchans la victoire.
Vous auez heu le prix, ô PRINCE debonnaire,
A vous il meritoit, ce Caualier heureux.
Le Marquis de ROVILLAC, pour vous ce coup veut faire
Eternissant l'honneur des Princes genereux,
Tous de vostre party d'vne ame volontaire,
Exaltent vostre los iusqu'au plus haut des Cieux.

DEFFY DV FACQVIN.

Qvi sont ces Chevaliers qui se vont amassant,
Ces Braves, bien montez chargez de Broderie,
Facent ce qu'ils voudront ie ne crains leur furie,
Et sçachent que pour eux ie suis dur & puissant:
Courage les voicy qui me vont menassant,
Qu'els chamarrez haultains, ô la gallanterie,
Pour assaillir vn seul, vne Cavalerie,
Bien montez, contre moy la lance vont baissant.
Si faut il honnorer les Princes & Noblesse,
Vrais miroirs de vertu, de force & hardiesse,
Car ie sçay que leur coups meritent de l'honneur,
Si ie me dis vainqueur ie suis innumerable,
Mais si i'estois mortel leur valeur admirable,
Du moindre de leurs coups m'auroit percé le cœur.

LE FACQVIN.

A Ceux ie preste mon surnom,
Qui le sont d'effect nom de nom,
Qui nomment sagesse, folie,
Celuy qui médira d'autruy,
Se mirant cognoistra que luy,
Lyant sa ceinture vn fol lie.